TROPICAL

COLORING BOOK & WORD SEARCH

THUNDER BAY
P · R · E · S · S
San Diego, California

Thunder Bay Press
An imprint of Printers Row Publishing Group
10350 Barnes Canyon Road, Suite 100, San Diego, CA 92121
www.thunderbaybooks.com

All notations of errors or omissions should be addressed to Thunder Bay Press, Editorial Department, at the above address. All other correspondence (author inquiries, permissions) concerning the content of this book should be addressed to
North Parade Publishing Ltd
4 North Parade
Bath
BA1 1LF
www.nppbooks.com

Thunder Bay Press
Publisher: Peter Norton
Associate Publisher: Ana Parker
Publishing Team: April Farr, Kelly Larsen, Kathryn C. Dalby
Editorial Team: JoAnn Padgett, Melinda Allman, Traci Douglas

ISBN: 978-1-68412-396-4

Printed in China.

23 22 21 20 19   1 2 3 4 5

SAND

D	M	K	C	I	C	O	G	B	S	P	A	R	K	L	E
X	U	U	P	P	L	L	B	D	A	M	E	C	M	X	S
Z	C	B	Z	H	J	D	U	U	G	C	W	U	J	Y	C
S	S	E	S	I	T	E	T	U	I	T	H	M	W	T	A
E	T	I	N	Y	S	A	L	T	P	L	A	I	N	S	S
A	J	P	T	M	P	A	R	T	I	C	L	E	S	Q	T
T	U	Z	D	S	P	U	D	S	B	A	N	K	Q	Y	L
B	O	L	Q	F	A	H	G	Y	Y	M	S	T	U	P	E
M	O	A	E	H	J	N	U	R	T	R	Y	N	D	I	P
G	G	N	Y	P	E	N	D	S	A	J	H	F	Z	P	F
G	U	O	W	M	W	V	A	B	K	I	I	N	D	E	C
D	A	E	K	J	Y	O	B	H	A	L	N	F	X	R	S
D	M	W	R	V	C	E	X	V	K	N	E	S	K	G	Q
G	B	B	B	E	A	C	H	O	P	E	K	R	P	I	B
Y	H	C	S	E	A	S	H	O	R	E	G	S	T	H	E

BANK	GOLD	SANDBAGS
BEACH	GRAINS	SEA
CASTLE	PARTICLES	SEASHORE
COAST	PIPER	SPARKLE
DUNE	SALT PLAINS	TINY

PICNIC TIME!

P	I	F	B	S	C	K	Q	B	E	A	U	T	Y	S	D
L	V	R	L	B	H	W	M	G	N	A	E	W	T	A	U
A	G	L	A	K	U	N	A	V	R	H	Y	I	N	N	Y
T	Z	W	N	C	P	T	A	X	C	A	U	C	I	D	D
E	U	L	K	S	A	N	T	I	K	R	S	O	J	W	C
S	W	G	E	T	O	K	U	E	F	J	H	S	L	I	D
N	W	N	T	R	B	Q	E	X	R	J	Z	K	H	C	Y
G	X	Z	F	E	D	Z	B	H	H	F	T	T	U	H	E
I	D	G	L	A	E	P	K	A	U	N	L	R	F	E	Q
E	C	E	O	M	F	Z	E	N	S	E	J	Y	D	S	V
D	Q	S	W	D	U	R	K	A	B	K	L	E	U	W	P
M	A	V	E	Q	K	Q	D	B	C	V	E	U	C	F	X
Z	L	X	R	N	Q	G	I	T	X	E	A	T	K	W	R
S	H	T	S	A	N	T	S	D	M	P	S	Y	Q	N	O
A	E	S	C	Z	N	I	X	N	T	V	A	J	C	J	C

ANTS	CAKE	PEACE
BASKET	DUCK	PLATES
BEAUTY	FLOWERS	QUICHE
BLANKET	FRUIT	SANDWICHES
BUTTERFLY	GRASS	STREAM

FISH

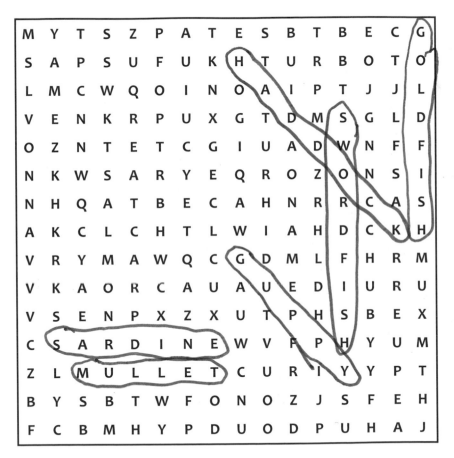

M	Y	T	S	Z	P	A	T	E	S	B	T	B	E	C	G
S	A	P	S	U	F	U	K	H	T	U	R	B	O	T	O
L	M	C	W	Q	O	I	N	O	A	I	P	T	J	J	L
V	E	N	K	R	P	U	X	G	T	D	M	S	G	L	D
O	Z	N	T	E	T	C	G	I	U	A	D	W	N	F	F
N	K	W	S	A	R	Y	E	Q	R	O	Z	O	N	S	I
N	H	Q	A	T	B	E	C	A	H	N	R	R	C	A	S
A	K	C	L	C	H	T	L	W	I	A	H	D	C	K	H
V	R	Y	M	A	W	Q	C	G	D	M	L	F	H	R	M
V	K	A	O	R	C	A	U	A	U	E	D	I	U	R	U
V	S	E	N	P	X	Z	X	U	T	P	H	S	B	E	X
C	S	A	R	D	I	N	E	W	V	F	P	H	Y	U	M
Z	L	M	U	L	L	E	T	C	U	R	I	Y	Y	P	T
B	Y	S	B	T	W	F	O	N	O	Z	J	S	F	E	H
F	C	B	M	H	Y	P	D	U	O	D	P	U	H	A	J

CARP	~~HADDOCK~~	SALMON
CATFISH	HALIBUT	~~SARDINE~~
COD	MACKEREL	~~SWORDFISH~~
~~GOLDFISH~~	~~MULLET~~	TROUT
~~GUPPY~~	PIKE	TURBOT

IN THE SEA

Q	Q	X	R	P	E	V	G	S	P	Z	E	X	B	Q	P
N	L	Q	Y	L	Z	E	E	E	M	K	E	F	K	H	K
D	H	A	O	T	E	S	J	A	J	S	N	P	P	Z	N
U	X	P	K	R	M	C	W	L	I	D	H	M	A	W	H
C	P	F	M	P	C	P	S	O	Z	S	I	W	C	H	C
N	D	E	E	W	D	A	P	X	I	R	J	W	H	A	R
T	A	K	N	W	A	R	S	F	H	X	Q	N	P	L	A
O	M	R	B	G	O	L	Y	S	C	O	I	X	E	E	B
C	F	P	W	P	U	L	R	F	H	H	U	E	R	X	J
T	J	X	F	H	L	I	M	U	P	B	T	K	Q	Y	T
O	M	F	M	E	A	W	N	L	S	A	C	E	H	T	T
P	U	G	J	U	W	L	O	U	N	S	B	S	J	X	J
U	D	O	G	M	Y	D	E	A	S	K	I	F	C	A	D
S	W	N	J	I	J	M	M	N	D	F	F	H	J	A	D
E	S	E	O	P	S	Q	U	I	D	O	S	E	V	E	C

CRAB	NARWHAL	SEAL
DOLPHIN	OCTOPUS	SHRIMP
FISH	ORCA	SQUID
JELLYFISH	PENGUIN	WALRUS
MANATEE	PORPOISE	WHALE

GARDEN FLOWERS

```
C D A P H N E B G S B M E G D D
I M Z V E N M Z Y A X M N J E V
P E U D I S Y L T R S O F E V L
R I B V L K H K E F G T M Y I S
R L W Q X F U D A A T V E D Y N
Y O H G W S N R R Z C W O R V T
E X S P Q E E D S H P F W B M J
P Z F E V B P U U U F P E O N Y
E W V A R A C S C A B Q M W P Z
T V L E N O W R D F R E E S I A
U G G S R S E P Y G U M B O R Y
N D H C F T A P J S Y J I Y E E
I T X G T K P J D L A J Z X P S
A M V U M O Y X I B P W E X C F
G U B O P P T L T J A S M I N E
```

ASTER	FREESIA	PEONY
BUTTERCUP	GERBERA	PETUNIA
CROCUS	JASMINE	POPPY
DAFFODIL	LAVENDER	ROSE
DAPHNE	LILY	SNAPDRAGON

OUT AT SEA

F	Z	L	S	I	E	N	I	S	O	Y	S	T	E	R	S
R	U	L	C	L	O	B	E	M	F	N	H	X	E	E	K
M	N	I	T	B	O	K	S	T	G	I	Z	Y	V	K	P
I	Q	R	O	U	I	X	H	C	B	P	S	A	X	N	O
R	U	M	P	D	Z	W	A	B	D	E	W	H	G	O	C
T	Q	O	P	E	Z	W	R	E	L	X	G	U	G	W	T
J	B	F	G	E	H	W	K	A	B	C	U	N	N	J	O
B	R	N	F	S	Q	L	H	G	H	R	A	V	M	Z	P
I	S	R	W	Y	L	W	D	V	V	A	E	B	C	I	U
R	I	S	B	Y	K	I	C	L	Y	B	M	C	L	R	S
D	U	E	O	W	C	S	D	B	J	S	D	X	W	D	P
S	N	A	A	A	Z	L	O	Z	D	J	U	I	L	W	Q
T	U	L	T	T	B	A	W	G	Z	I	I	K	A	D	N
D	E	W	H	E	C	N	T	K	R	G	K	G	G	O	Q
B	W	B	X	R	M	D	V	S	S	H	I	P	O	R	Y

BIRDS	NET	SHIP
BOAT	OCTOPUS	TURTLE
CRABS	OYSTER	WATER
FISH	SEAL	WAVES
ISLAND	SHARK	WHALES

GIVE ME SUNSHINE

A	S	U	N	S	H	I	N	E	X	Q	M	H	E	D	J
H	G	I	H	O	H	M	O	J	U	E	M	E	H	P	V
Y	M	O	O	P	I	E	U	H	U	H	T	G	H	R	W
U	Y	B	L	X	I	I	A	H	G	W	U	V	G	P	Z
T	T	B	I	D	G	I	T	T	P	S	F	V	E	N	P
M	S	E	D	I	E	M	X	F	O	E	U	W	L	Y	V
N	U	A	A	W	R	N	L	D	V	D	A	M	Q	Y	H
T	N	C	Y	A	S	M	O	R	N	I	N	G	M	G	Y
R	R	H	W	A	Z	H	T	F	J	P	K	H	E	E	T
O	I	Y	U	G	G	R	I	L	V	W	I	O	H	V	R
P	S	D	U	S	G	Q	O	N	V	H	G	T	T	O	N
I	E	R	O	M	X	Y	N	C	E	H	C	W	G	W	C
C	N	O	N	I	K	W	P	F	Z	K	X	G	A	T	N
A	G	M	B	U	E	Q	H	B	O	B	R	I	G	H	T
L	J	J	Q	F	P	N	H	C	B	D	A	Y	V	L	M
L	P	E	M	A	H	Q	M	G	J	D	E	F	D	U	V

BEACH	HOLIDAY	SUMMER
BRIGHT	HOT	SUNRISE
DAY	LOTION	SUNSHINE
GOLDEN	MORNING	TROPICAL
HEAT	SHINE	WARMTH

BREATH OF FRESH AIR

```
H  I  L  L  S  I  D  E  Z  N  Z  E  F  W  H  I
P  J  V  V  I  W  M  O  U  N  T  A  I  N  H  O
A  R  B  R  M  G  A  K  S  Z  R  D  E  H  I  S
H  V  S  I  M  B  O  N  T  W  J  E  S  D  F  W
Z  L  C  V  H  Z  C  A  Y  B  A  P  F  K  C  O
Z  Y  B  E  Q  T  B  T  F  Y  J  L  Y  F  Y  O
F  Q  R  R  S  H  F  U  L  R  K  J  K  W  J
A  Y  Q  E  A  B  P  R  B  R  Q  U  D  P  S  L
F  G  R  T  K  E  D  E  A  J  S  E  A  J  I  A
A  O  B  Q  F  N  H  P  O  B  D  X  C  C  O  N
F  C  E  D  D  V  X  H  L  Q  M  R  K  X  V  D
N  G  B  E  A  C  H  O  U  T  D  O  O  R  S  F
W  H  H  M  M  U  T  B  W  X  Z  Z  A  N  B  E
P  I  C  N  I  C  R  F  Z  G  A  R  D  E  N  O
M  K  F  O  U  T  S  I  D  E  Y  C  P  V  X  D
```

BEACH	**NATURE**	**SEA**
FOREST	**OUTDOORS**	**SKY**
GARDEN	**OUTSIDE**	**RIVER**
HILLSIDE	**PARK**	**WOODLAND**
MOUNTAIN	**PICNIC**	**WALK**

FRESH WATER

```
C  V  T  R  S  V  T  A  I  B  K  D  P  D  G  P
S  B  O  O  N  D  F  L  A  M  I  N  G  O  W  G
E  D  W  U  A  E  X  L  G  L  W  L  S  Z  H  H
E  J  R  H  C  D  D  I  Z  D  N  M  C  T  R  I
L  J  I  E  J  K  R  G  X  B  E  A  V  E  R  P
X  T  U  R  T  L  E  A  N  T  D  N  R  P  X  P
D  M  E  O  H  J  P  T  A  E  S  A  K  Z  Z  O
R  Z  D  N  C  C  X  O  T  L  W  R  D  D  V  P
A  A  C  J  W  D  A  R  M  B  W  T  Z  U  F  O
G  I  C  R  O  C  O  D  I  L  E  E  V  C  E  T
O  S  T  P  A  Q  R  S  F  D  Q  V  F  K  S  A
N  Z  R  D  Z  B  C  A  Z  R  C  C  I  Z  G  M
F  L  O  H  E  K  N  I  N  T  O  I  N  K  A  U
L  B  U  S  G  S  O  M  K  E  H  G  L  O  G  S
Y  N  T  I  C  R  A  Y  F  I  S  H  E  R  Q  Y
```

ALLIGATOR	DUCK	HIPPOPOTAMUS
BEAVER	DRAGONFLY	NEWT
CRANE	FLAMINGO	TOAD
CRAYFISH	FROG	TROUT
CROCODILE	HERON	TURTLE

WET AND DRY

S	M	E	F	T	O	W	E	L	F	N	R	M	D	S	W
W	D	I	P	C	A	G	A	W	A	T	E	R	S	E	V
I	K	U	L	P	A	F	S	H	I	M	Y	I	I	A	K
M	M	H	A	I	R	D	R	Y	E	R	N	Q	A	F	S
M	H	O	L	I	D	A	Y	I	C	D	C	G	M	E	R
I	J	M	S	X	J	E	C	T	U	Z	E	S	J	Z
N	K	B	A	H	U	T	N	E	F	B	W	S	Q	N	K
G	G	N	N	P	N	J	Q	R	N	Q	A	D	J	Z	P
G	J	U	D	A	B	A	E	U	T	L	E	N	T	P	P
B	I	D	E	H	A	J	S	Z	G	X	X	L	J	E	K
Z	O	L	B	B	T	R	E	N	F	A	O	E	U	K	H
O	C	P	E	H	H	S	U	I	M	O	F	C	N	C	V
E	L	Y	A	L	I	S	U	Y	P	J	S	I	H	O	D
H	C	F	C	Y	N	H	K	Z	L	F	R	H	Z	U	P
S	D	B	H	X	G	F	E	T	J	D	P	R	V	K	P

BEACH	ICE	SUNBATHING
CLEAN	POOL	SUNGLASSES
DRINK	SAND	SWIMMING
HAIR DRYER	SEA	TOWEL
HOLIDAY	SUN	WATER

WILD FLOWERS

M	O	X	S	N	O	W	D	R	O	P	L	O	H	F	M
Z	D	U	B	F	K	V	Z	K	L	Y	F	E	Y	M	A
A	A	E	F	K	W	L	P	D	S	Y	B	L	A	H	R
O	Z	E	Z	O	S	J	Z	I	P	R	E	A	C	X	I
O	W	W	Y	I	H	B	A	P	D	U	C	E	I	Y	G
H	O	V	R	S	E	D	O	Z	U	P	G	I	N	O	O
C	K	I	I	C	U	P	H	T	Y	I	Q	M	T	E	L
N	L	L	M	A	G	N	O	L	I	A	M	O	H	P	D
G	R	O	T	F	Y	I	G	A	R	D	E	N	I	A	A
R	M	O	V	Z	M	B	G	U	P	Q	C	S	L	L	K
L	J	R	S	E	C	W	X	Q	H	J	F	W	Q	I	W
P	V	C	V	Y	R	T	U	L	I	P	V	N	K	L	V
Z	L	H	B	T	B	S	W	T	E	R	O	S	E	Y	G
F	N	I	Z	I	J	W	S	U	N	F	L	O	W	E	R
Y	R	D	G	D	O	W	A	B	L	U	E	B	E	L	L

BLUEBELL	**IRIS**	**POPPY**
CLOVER	**LILY**	**ROSE**
DAISY	**MAGNOLIA**	**SNOWDROP**
GARDENIA	**MARIGOLD**	**SUNFLOWER**
HYACINTH	**ORCHID**	**TULIP**

ON YOUR BIKE

```
E  Q  T  R  A  C  K  P  P  E  V  H  U  B  P  E
O  I  Z  V  V  M  P  L  L  L  Q  L  J  T  D  J
W  V  C  S  A  C  E  C  Y  E  S  O  T  N  V  O
P  L  T  E  U  V  Y  S  Z  C  P  E  P  B  V  T
A  K  O  E  A  C  T  L  Z  Y  V  B  E  A  A  Y
C  E  R  R  I  R  Y  F  M  C  N  I  U  E  Y  B
G  Z  T  R  S  Y  Y  H  Y  L  D  K  S  O  I  A
Y  P  T  T  N  T  M  E  Z  E  T  E  I  D  T  S
G  G  X  X  X  N  S  P  E  E  D  D  K  K  K
X  I  Q  X  A  R  P  R  I  D  E  W  I  S  E  E
K  R  R  Z  U  T  K  H  E  T  X  L  E  V  N  T
F  H  H  O  M  R  T  O  G  K  L  M  O  D  N  W
O  L  J  F  F  A  I  F  U  E  E  M  O  N  P  F
E  O  P  J  P  I  I  M  B  N  W  S  V  D  F  K
K  P  W  N  C  L  S  B  O  X  G  H  U  R  R  Y
```

BASKET	JOURNEY	SPEED
BELL	MOVE	TRACK
BIKE	PATH	TRAIL
CYCLE	RIDE	TRAVEL
HURRY	SEAT	TRICYCLE

FIND THE TREASURE

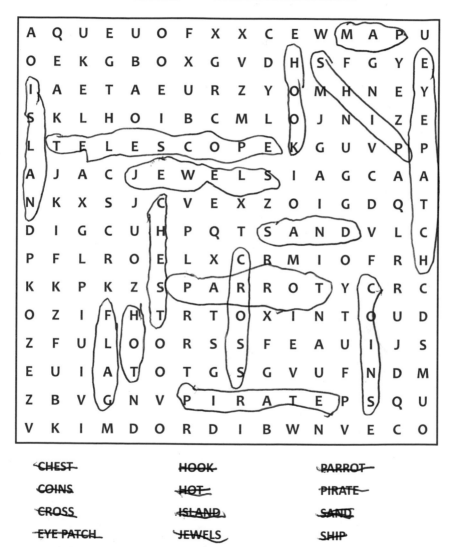

A	Q	U	E	U	O	F	X	X	C	E	W	M	A	P	U
O	E	K	G	B	O	X	G	V	D	H	S	F	G	Y	E
I	A	E	T	A	E	U	R	Z	Y	O	M	H	N	E	Y
S	K	L	H	O	I	B	C	M	L	O	J	N	I	Z	E
L	T	E	L	E	S	C	O	P	E	K	G	U	V	P	P
A	J	A	C	J	E	W	E	L	S	I	A	G	C	A	A
N	K	X	S	J	C	V	E	X	Z	O	I	G	D	Q	T
D	I	G	C	U	H	P	Q	T	S	A	N	D	V	L	C
P	F	L	R	O	E	L	X	C	R	M	I	O	F	R	H
K	K	P	K	Z	S	P	A	R	R	O	T	Y	C	R	C
O	Z	I	F	H	T	R	T	O	X	I	N	T	O	U	D
Z	F	U	L	O	O	R	S	S	F	E	A	U	I	J	S
E	U	I	A	T	O	T	G	S	G	V	U	F	N	D	M
Z	B	V	G	N	V	P	I	R	A	T	E	P	S	Q	U
V	K	I	M	D	O	R	D	I	B	W	N	V	E	C	O

CHEST   HOOK   PARROT

COINS   HOT   PIRATE

CROSS   ISLAND   SAND

EYE PATCH   JEWELS   SHIP

FLAG   MAP   TELESCOPE

A SPELL OF ROMANCE

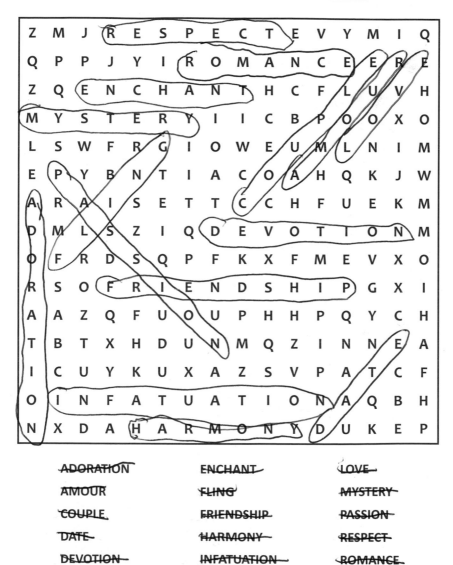

```
Z  M  J  R  E  S  P  E  C  T  E  V  Y  M  I  Q
Q  P  P  J  Y  I  R  O  M  A  N  C  E  E  R  E
Z  Q  E  N  C  H  A  N  T  H  C  F  L  U  V  H
M  Y  S  T  E  R  Y  I  I  C  B  P  O  O  X  O
L  S  W  F  R  G  I  O  W  E  U  M  L  N  I  M
E  P  Y  B  N  T  I  A  C  O  A  H  Q  K  J  W
A  R  A  I  S  E  T  T  C  C  H  F  U  E  K  M
D  M  L  S  Z  I  Q  D  E  V  O  T  I  O  N  M
O  F  R  D  S  Q  P  F  K  X  F  M  E  V  X  O
R  S  O  F  R  I  E  N  D  S  H  I  P  G  X  I
A  A  Z  Q  F  U  O  U  P  H  H  P  Q  Y  C  H
T  B  T  X  H  D  U  N  M  Q  Z  I  N  N  E  A
I  C  U  Y  K  U  X  A  Z  S  V  P  A  T  C  F
O  I  N  F  A  T  U  A  T  I  O  N  A  Q  B  H
N  X  D  A  H  A  R  M  O  N  Y  D  U  K  E  P
```

ADORATION	ENCHANT	LOVE
AMOUR	FLING	MYSTERY
COUPLE	FRIENDSHIP	PASSION
DATE	HARMONY	RESPECT
DEVOTION	INFATUATION	ROMANCE

PERFUME

O	R	W	O	R	W	N	J	R	P	Y	K	O	P	B	X
Y	V	A	N	I	L	L	A	V	J	K	U	S	V	B	K
R	E	M	Z	U	S	K	U	I	B	Q	X	O	T	O	N
S	M	E	L	L	K	W	C	E	A	B	P	I	O	U	Q
Q	S	C	E	N	T	M	E	P	M	V	A	L	H	Q	O
W	R	L	A	V	E	N	D	E	R	F	A	E	F	U	U
P	A	D	R	R	B	L	E	S	T	M	R	O	J	E	M
P	Y	M	B	G	P	N	V	P	C	N	B	O	J	T	E
W	F	I	I	X	S	A	D	I	O	T	E	F	S	C	J
O	U	L	J	S	S	M	A	C	L	T	X	S	N	E	E
S	F	F	O	L	T	O	R	E	O	A	M	E	S	L	S
H	P	B	G	R	D	D	Q	Z	G	L	S	O	T	R	M
R	L	R	R	B	A	Z	M	L	N	S	R	T	Y	L	K
V	R	P	A	G	F	L	H	H	E	S	O	Z	O	T	G
R	W	W	Q	Y	I	K	I	V	C	B	T	M	E	S	Y

BOTTLE	**LAVENDER**	**SMELL**
BOUQUET	**MIST**	**SPICE**
COLOGNE	**OIL**	**SPRAY**
ESSENCE	**ROSE**	**SWEETNESS**
FLORAL	**SCENT**	**VANILLA**

31

FLOWERS

```
S  Z  O  R  C  H  I  D  F  U  D  S  S  L  N  R
E  B  D  V  W  C  Q  I  L  Z  U  Q  A  W  E  K
C  R  D  V  A  X  I  L  Y  S  G  T  O  V  Y  S
H  P  U  T  W  M  E  E  S  K  E  G  O  F  N  Z
I  C  R  P  Q  B  K  I  P  G  K  L  M  O  R  C
N  B  P  I  E  A  C  M  D  M  G  V  S  R  B  S
A  O  U  U  M  R  N  Q  R  X  H  U  K  G  K  D
C  S  L  T  A  R  W  E  O  P  C  N  A  E  V  A
E  B  T  N  T  A  O  F  M  S  X  Q  Q  T  I  F
A  W  S  E  R  E  N  S  I  O  V  G  A  M  Y  T
L  I  L  Y  R  V  R  B  E  Z  N  L  K  E  P  C
R  A  N  U  W  C  I  C  H  X  Y  E  I  N  X  W
Y  O  E  E  K  H  X  V  U  X  S  C  X  O  Q  V
C  A  R  N  A  T  I  O  N  P  T  Q  G  T  D  G
J  V  G  L  O  T  U  S  X  F  U  S  C  H  I  A
```

ANEMONE	ECHINACEA	LILY
ASTER	FORGET ME NOT	LOTUS
BLUEBELL	FOXGLOVE	NARCISSUS
BUTTERCUP	FUSCHIA	ORCHID
CARNATION	HIBISCUS	PRIMROSE

LANGUAGES

P	R	T	C	A	K	L	J	Z	S	J	I	W	M	P	U
L	C	H	I	N	E	S	E	B	E	C	D	R	S	W	T
S	X	X	C	G	O	X	I	E	O	N	C	H	P	M	S
P	Y	L	L	G	I	I	T	I	F	I	G	C	G	K	F
A	K	C	Y	H	A	T	J	V	V	I	E	L	X	B	T
N	V	K	Y	K	M	E	A	A	F	Z	N	Z	I	Y	Y
I	K	J	G	E	R	G	L	L	P	B	N	N	U	S	I
S	X	Z	W	T	Z	Y	E	I	I	A	A	V	I	T	H
H	S	W	E	D	I	S	H	R	C	A	N	T	V	S	Z
O	F	X	L	Z	S	C	Y	R	M	B	N	E	W	C	H
R	U	S	S	I	A	N	K	D	H	A	C	F	S	U	X
N	S	X	H	H	S	V	I	N	O	N	N	G	J	E	M
V	K	O	R	E	A	N	P	K	U	P	O	L	I	S	H
H	N	T	P	O	R	T	U	G	U	E	S	E	Z	O	Q
C	Z	T	J	B	Y	E	Z	M	F	R	E	N	C	H	W

CHINESE	GAELIC	PORTUGUESE
ENGLISH	ITALIAN	RUSSIAN
FINNISH	JAPANESE	SPANISH
FRENCH	KOREAN	SWEDISH
GERMAN	POLISH	WELSH

GIVE A GOOD FEELING

Z	X	W	S	G	I	B	E	L	M	K	L	Z	A	J	J
H	B	I	Z	K	S	M	H	O	I	E	H	X	V	U	L
C	L	L	X	Z	K	E	I	V	K	B	R	F	C	B	H
H	I	N	E	L	Y	Q	L	E	P	Y	Z	R	S	I	T
E	S	H	Z	D	Z	L	K	L	L	H	T	H	Y	L	H
E	S	C	E	T	A	D	E	Y	E	E	M	O	F	A	R
R	F	C	O	N	T	E	N	T	A	R	R	M	F	N	I
F	U	V	L	I	V	E	L	Y	S	Y	D	L	J	T	L
U	L	C	L	C	J	K	F	I	E	J	O	Y	F	U	L
L	W	P	Q	P	X	T	U	Q	D	T	Y	U	H	X	E
K	J	G	L	E	E	E	L	A	T	E	D	D	A	C	D
A	Q	H	V	O	K	H	X	M	S	A	W	D	P	F	F
Z	C	H	I	R	P	Y	V	V	P	T	O	J	P	K	I
I	F	F	T	O	J	V	O	Z	C	K	N	N	Y	S	L
Z	K	L	P	L	E	A	S	A	N	T	W	N	R	B	N

BLISSFUL	GLEE	LOVELY
CHEERFUL	HAPPY	MERRY
CHIRPY	JOYFUL	PLEASANT
CONTENT	JUBILANT	PLEASED
ELATED	LIVELY	THRILLED

NATURE AT ITS BEST

```
X F R M C J E U J P S X N L Z N
R M C E R F O R E S T S E A P Y
A W A I Z L L R M C J R E V T N
A O N X R P G A U A D R U Q J J
G V Y A K E V I Q V J V N O R U
V Y O D W H E N H E V L L C D N
P V N Y A E D F W S T J A E Q G
W O S B T K N O S L R I K A M L
D L B I E A U R O R A S E N D E
E C D S R L Z E Q D U P S S G S
S A B L F X B S N A Q M E U I Y
E N D A A Z V T F J I Q B Q D D
R O U N L G O S T W R N L Y P I
T E Z D L C M O U N T A I N S J
S S Q S S H I L L S O O K X M O
```

AURORAS	**HILLS**	**OCEANS**
CANYONS	**ISLANDS**	**RAIN FORESTS**
CAVES	**JUNGLES**	**REEFS**
DESERTS	**LAKES**	**VOLCANOES**
FORESTS	**MOUNTAINS**	**WATERFALLS**

ISLANDS IN THE SUN

```
O  X  M  X  N  T  C  Q  W  F  S  G  I  M  S  O
X  O  A  C  C  O  R  F  U  A  P  B  Q  S  Q  N
V  L  H  J  Z  O  P  Y  W  L  C  W  K  V  Z  B
S  C  R  H  E  A  E  Z  P  K  B  O  P  D  E  M
Q  U  A  N  W  G  I  R  S  L  P  B  H  R  E  A
A  O  R  P  G  X  A  Z  C  A  W  A  A  U  O  D
I  O  V  S  R  B  I  L  U  N  I  B  W  W  A  A
B  X  A  R  U  I  S  B  B  D  R  A  A  W  Y  G
T  A  O  C  Q  P  P  A  O  S  E  H  I  I  U  A
A  Q  X  A  N  C  E  R  R  W  L  A  I  D  J  S
H  X  Y  X  I  Y  F  B  A  U  A  M  Q  N  F  C
I  K  K  U  K  P  G  A  B  I  N  A  K  X  A  A
T  G  A  S  V  R  B  D  O  U  D  S  M  Q  K  R
I  M  V  K  A  U  S  O  R  L  N  P  P  X  N  N
V  S  I  L  G  S  N  S  A  W  Q  T  F  B  R  F
```

BAHAMAS   CORFU   IRELAND

BARBADOS   CUBA   MADAGASCAR

BORA BORA   CYPRUS   MAUI

BORNEO   FALKLANDS   SKYE

CAPRI   HAWAII   TAHITI

FRUITY

F	G	P	H	G	C	Q	W	H	L	F	Y	J	J	O
Y	X	I	Z	X	T	I	S	C	N	R	I	L	G	J	T
N	O	A	Z	C	W	F	F	M	R	C	O	M	Y	I	W
I	G	K	P	G	M	R	E	E	T	G	R	B	N	O	T
P	P	B	C	P	A	E	B	A	H	L	A	U	V	L	A
I	T	Y	W	E	L	W	L	Z	D	J	N	C	Q	E	H
N	K	M	P	P	A	E	R	O	X	V	G	V	R	M	K
E	B	W	E	R	P	Q	U	R	N	S	E	V	Z	O	I
A	C	D	T	P	U	D	J	P	A	P	A	Y	A	N	W
P	H	S	B	T	A	J	W	J	L	M	A	N	G	O	I
P	E	M	A	W	A	T	E	R	M	E	L	O	N	Q	V
L	R	Z	N	G	N	X	B	I	O	D	E	T	T	L	V
E	R	N	A	K	N	J	A	P	R	I	C	O	T	I	J
R	Y	Y	N	E	V	I	X	V	R	T	E	D	G	M	V
Y	G	B	A	M	E	D	U	T	G	Z	M	Z	U	E	A

APPLE	LEMON	PAPAYA
APRICOT	LIME	PEAR
BANANA	MANGO	PINEAPPLE
CHERRY	MELON	STRAWBERRY
KIWI	ORANGE	WATERMELON

HOTELS

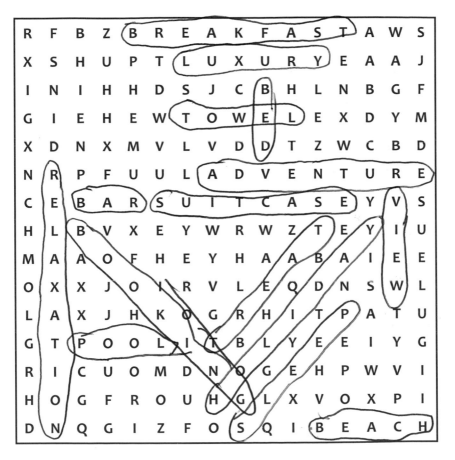

R	F	B	Z	B	R	E	A	K	F	A	S	T	A	W	S
X	S	H	U	P	T	L	U	X	U	R	Y	E	A	A	J
I	N	I	H	H	D	S	J	C	B	H	L	N	B	G	F
G	I	E	H	E	W	T	O	W	E	L	E	X	D	Y	M
X	D	N	X	M	V	L	V	D	D	T	Z	W	C	B	D
N	R	P	F	U	U	L	A	D	V	E	N	T	U	R	E
C	E	B	A	R	S	U	I	T	C	A	S	E	Y	V	S
H	L	B	V	X	E	Y	W	R	W	Z	T	E	Y	I	U
M	A	A	O	F	H	E	Y	H	A	A	B	A	I	E	E
O	X	X	J	O	I	R	V	L	E	Q	D	N	S	W	L
L	A	X	J	H	K	O	G	R	H	I	T	P	A	T	U
G	T	P	O	O	L	I	T	B	L	Y	E	E	I	Y	G
R	I	C	U	O	M	D	N	O	G	E	H	P	W	V	I
H	O	G	F	R	O	U	H	G	L	X	V	O	X	P	I
D	N	Q	G	I	Z	F	O	S	Q	I	B	E	A	C	H

ADVENTURE	BREAKFAST	SLEEP
BAR	HOLIDAY	SUITCASE
BEACH	LUXURY	TOWEL
BED	POOL	TREAT
BOOKING	RELAXATION	VIEW

FINE WINES

```
L  J  D  J  P  N  M  C  Q  U  Z  K  B  E  I  X
P  Z  L  O  J  R  U  H  M  S  Y  J  B  L  X  A
R  I  K  N  T  G  S  A  O  A  W  O  L  F  V  S
O  N  V  P  R  U  C  R  S  F  M  P  F  A  W  Q
S  F  K  I  I  F  A  D  C  O  V  T  C  X  N  L
E  A  W  N  E  X  T  O  A  M  H  U  Z  X  U  N
C  N  D  O  S  V  K  N  T  R  H  A  P  C  T  K
C  D  C  T  L  K  P  N  O  P  R  Z  E  O  V  L
O  E  Q  G  I  F  R  A  F  I  B  B  L  K  C  C
O  L  W  R  N  Y  L  Y  H  J  L  R  G  G  G  H
B  U  J  I  G  W  E  S  B  A  E  E  T  L  H  I
D  B  W  S  D  W  I  U  M  M  C  Z  A  E  K  A
C  S  P  I  N  O  T  N  O  I  R  G  B  E  P  N
I  L  W  J  P  I  N  O  T  G  R  I  G  I  O  T
G  G  J  H  K  D  C  H  A  M  P  A  G  N  E  I
```

CAVA	MERLOT	PINOT GRIS
CHAMPAGNE	MOSCATO	PROSECCO
CHARDONNAY	MUSCAT	RIESLING
CHIANTI	PINOT GRIGIO	SHIRAZ
MALBEC	PINOT NOIR	ZINFANDEL

MUSIC

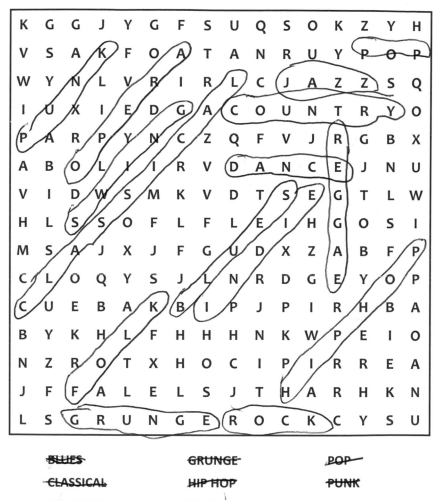

K	G	G	J	Y	G	F	S	U	Q	S	O	K	Z	Y	H
V	S	A	K	F	O	A	T	A	N	R	U	Y	P	O	P
W	Y	N	L	V	R	I	R	L	C	J	A	Z	Z	S	Q
I	U	X	I	E	D	G	A	C	O	U	N	T	R	Y	O
P	A	R	P	Y	N	C	Z	Q	F	V	J	R	G	B	X
A	B	O	L	I	R	V	D	A	N	C	E	J	N	U
V	I	D	W	S	M	K	V	D	T	S	E	G	T	L	W
H	L	S	S	O	F	L	F	L	E	I	H	G	O	S	I
M	S	A	J	X	J	F	G	U	D	X	Z	A	B	F	P
C	L	O	Q	Y	S	J	L	N	R	D	G	E	Y	O	P
C	U	E	B	A	K	B	I	P	J	P	I	R	H	B	A
B	Y	K	H	L	F	H	H	H	N	K	W	P	E	I	O
N	Z	R	O	T	X	H	O	C	I	P	I	R	R	E	A
J	F	F	A	L	E	L	S	J	T	H	A	R	H	K	N
L	S	G	R	U	N	G	E	R	O	C	K	C	Y	S	U

~~BLUES~~	~~GRUNGE~~	~~POP~~
~~CLASSICAL~~	~~HIP HOP~~	~~PUNK~~
~~COUNTRY~~	~~INDIE~~	~~REGGAE~~
~~DANCE~~	~~JAZZ~~	~~ROCK~~
~~FOLK~~	~~OPERA~~	~~SWING~~

A BOUQUET OF FLOWERS

C	T	M	L	J	P	J	Y	V	I	O	L	E	T	L	N
W	G	D	G	W	Q	P	A	V	V	K	L	U	A	O	T
J	A	A	K	A	L	D	R	D	E	W	Q	S	X	T	I
V	R	F	Q	L	G	G	R	A	W	P	L	J	M	S	G
Z	D	F	C	L	N	V	O	M	P	O	P	P	Y	Z	E
P	E	O	W	F	R	M	W	H	E	A	T	H	E	R	R
M	N	D	A	L	O	A	N	Z	X	Z	C	B	E	Y	L
S	I	I	T	O	S	R	G	W	V	P	E	O	N	Y	I
M	A	L	E	W	E	I	E	R	M	S	Y	M	O	O	L
X	Y	B	R	E	Q	G	R	X	D	D	T	Q	C	J	Y
D	Q	I	L	R	A	O	A	T	U	L	I	P	Q	L	C
U	J	U	I	Q	F	L	N	G	I	R	Z	H	E	N	V
C	M	X	L	S	J	D	I	P	A	N	S	Y	A	W	D
Q	Z	N	Y	U	P	V	U	V	G	G	X	A	Q	S	R
V	Y	Z	N	Y	G	S	M	L	C	U	X	Z	N	H	Z

DAFFODIL	PANSY	TULIP
GARDENIA	PEONY	VIOLET
GERANIUM	POPPY	WALLFLOWER
HEATHER	ROSE	WATERLILY
MARIGOLD	TIGER LILY	YARROW

IT'S A REAL SCORCHER

```
V  K  W  X  P  S  B  I  A  X  M  N  T  L  S  A
X  B  C  B  O  I  L  I  N  G  H  Z  L  S  W  J
X  U  D  U  B  M  Y  L  O  G  E  H  Y  D  E  E
O  W  G  X  A  W  D  J  D  J  A  W  V  K  L  U
X  M  U  J  S  F  D  E  G  Z  T  G  B  A  T  L
F  S  M  A  K  M  R  T  Y  P  Y  N  A  L  E  T
E  I  K  H  I  S  U  N  B  U  R  N  K  H  R  R
D  Z  U  R  N  D  Q  C  Y  N  P  S  I  X  I  O
E  Z  U  V  G  D  F  T  C  H  E  F  N  W  N  P
S  L  M  I  R  F  I  U  L  E  U  J  G  A  G  I
E  I  J  U  S  V  E  H  O  C  D  M  V  R  X  C
R  N  V  Z  G  N  R  X  O  X  B  M  I  M  Q  A
T  G  Y  G  L  G  Y  C  A  T  O  H  F  D  W  L
Y  L  Q  K  P  A  Y  U  H  W  I  K  Z  E  I  U
E  W  S  C  Y  E  S  W  L  D  Z  L  S  G  R  O
```

BAKING	HEAT	SIZZLING
BASKING	HOT	SUNBURN
BOILING	HUMID	SWELTERING
DESERT	MUGGY	TROPICAL
FIERY	RED	WARM

WATER

E	B	U	B	B	L	I	N	G	H	J	I	W	W	Y	R
N	R	A	G	S	F	L	O	O	D	I	N	G	K	W	Q
Y	G	I	L	D	T	G	T	E	E	M	I	N	G	D	T
Z	U	N	P	Q	R	R	S	T	S	U	L	P	S	K	L
Y	R	R	Q	P	F	I	E	P	A	Y	C	X	W	W	U
S	G	K	X	T	L	A	P	A	R	V	T	R	E	U	F
W	L	X	Y	Y	I	I	X	P	M	A	L	P	E	Q	E
O	I	F	K	B	T	D	N	P	I	I	Y	U	P	N	S
O	N	L	L	D	X	M	A	G	O	N	N	I	I	C	A
S	G	J	Y	O	U	U	W	L	V	U	G	G	N	P	P
H	L	M	J	V	W	K	H	T	H	T	R	I	G	G	X
I	X	O	T	Z	Q	I	N	F	A	L	L	I	N	G	M
N	I	Z	S	P	G	L	N	S	G	V	R	B	N	P	N
G	X	E	C	H	J	O	Y	G	T	W	R	B	P	G	A
Y	M	T	X	D	H	K	L	G	Z	S	R	S	Z	M	J

BUBBLING	**GURGLING**	**STREAMING**
DRIPPING	**POURING**	**SWEEPING**
FALLING	**RIPPLING**	**SWOOSHING**
FLOODING	**SLOSH**	**TEEMING**
FLOWING	**SPRAYING**	**TIDAL**

GOING ON VACATION

```
K  C  U  R  E  S  T  A  U  R  A  N  T  P  L  P
I  I  S  W  E  O  A  V  O  J  J  N  U  M  D  G
C  A  Z  P  U  Y  D  I  U  T  N  C  E  Q  X  U
C  M  C  K  F  Y  V  P  D  T  I  H  U  D  D  E
F  O  O  D  L  R  E  X  E  Q  C  C  V  D  T  V
D  J  P  E  B  R  N  K  S  A  P  U  K  O  G  R
J  J  T  E  M  T  T  J  E  L  J  D  G  E  M  G
K  O  E  E  F  B  U  B  R  Z  I  U  U  L  T  D
H  K  M  M  L  T  R  V  T  V  C  Q  K  J  I  T
S  M  T  U  I  R  E  I  S  L  A  N  D  F  M  W
R  V  R  S  G  A  A  X  I  H  H  B  O  A  T  M
L  I  I  E  H  I  M  S  K  I  I  N  G  T  D  H
E  G  P  U  T  N  R  R  C  M  U  T  W  D  B  Q
W  O  W  M  I  L  N  J  U  N  G  L  E  E  L  K
N  T  R  Z  E  A  L  Y  D  T  D  K  K  U  M  X
```

ADVENTURE	FOOD	RESTAURANT
BEACH	HOTEL	SKIING
BOAT	ISLAND	TICKET
DESERT	JUNGLE	TRAIN
FLIGHT	MUSEUM	TRIP

A BIT WARM

```
I  W  Q  F  U  N  G  U  V  K  B  W  W  B  Z  K
W  A  R  M  C  R  K  V  Z  C  R  F  Y  C  Y  N
H  N  V  Q  K  M  O  R  N  I  N  G  M  V  E  A
C  Z  V  M  B  S  J  C  R  U  F  J  E  S  A  I
G  S  S  U  N  N  Y  O  T  F  U  N  T  U  C  B
T  R  O  P  I  C  A  L  O  M  M  B  O  M  R  B
R  Q  W  D  R  O  M  P  A  L  I  U  G  M  G  Z
W  E  A  T  H  E  R  L  S  U  P  L  L  E  A  Y
S  T  M  B  Y  N  A  E  T  K  R  Q  D  R  B  Y
G  J  H  E  N  H  S  A  Y  E  X  E  I  O  M  V
F  S  E  A  N  T  U  S  F  W  H  A  M  L  H  P
X  I  A  C  O  Q  N  A  B  A  B  O  A  O  B  F
F  D  T  H  M  O  R  N  T  R  M  B  W  C  A  R
H  T  E  B  Y  M  B  T  L  M  U  Q  I  C  F  Y
D  R  O  A  S  T  I  N  G  G  N  S  H  T  X  K
```

BALMY	MORNING	SUNNY
BEACH	PLEASANT	TOASTY
HEAT	ROASTING	TROPICAL
LUKEWARM	SUMMER	WARM
MILD	SUN	WEATHER

NATURALLY BEAUTIFUL

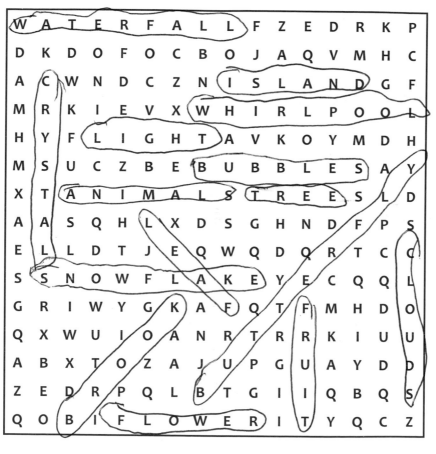

W	A	T	E	R	F	A	L	L	F	Z	E	D	R	K	P
D	K	D	O	F	O	C	B	O	J	A	Q	V	M	H	C
A	C	W	N	D	C	Z	N	I	S	L	A	N	D	G	F
M	R	K	I	E	V	X	W	H	I	R	L	P	O	O	L
H	Y	F	L	I	G	H	T	A	V	K	O	Y	M	D	H
M	S	U	C	Z	B	E	B	U	B	B	L	E	S	A	Y
X	T	A	N	I	M	A	L	S	T	R	E	E	S	L	D
A	A	S	Q	H	L	X	D	S	G	H	N	D	F	P	S
E	L	L	D	T	J	E	Q	W	Q	D	Q	R	T	C	C
S	S	N	O	W	F	L	A	K	E	Y	E	C	Q	Q	L
G	R	I	W	Y	G	K	A	F	Q	T	F	M	H	D	O
Q	X	W	U	I	O	A	N	R	T	R	R	K	I	U	U
A	B	X	T	O	Z	A	J	U	P	G	U	A	Y	D	D
Z	E	D	R	P	Q	L	B	T	G	I	I	Q	B	Q	S
Q	O	B	I	F	L	O	W	E	R	I	T	Y	Q	C	Z

ANIMALS	CRYSTAL	LIGHT
BROOK	FLOWER	SNOWFLAKE
BUBBLES	FRUIT	TREE
BUTTERFLY	ISLAND	WATERFALL
CLOUDS	LEAF	WHIRLPOOL

BIRDS OF A FEATHER

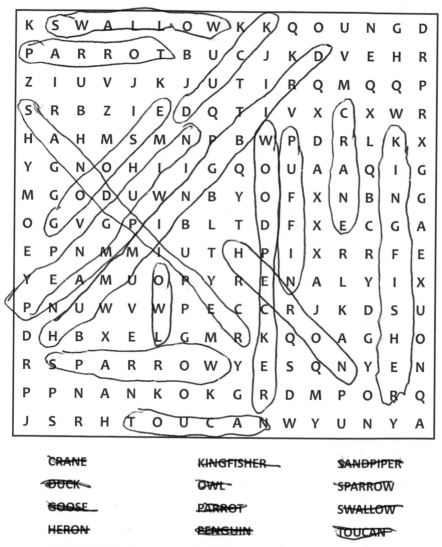

K	S	W	A	L	L	O	W	K	K	Q	O	U	N	G	D
P	A	R	R	O	T	B	U	C	J	K	D	V	E	H	R
Z	I	U	V	J	K	J	U	T	I	R	Q	M	Q	Q	P
S	R	B	Z	I	E	D	Q	T	L	V	X	C	X	W	R
H	A	H	M	S	M	N	P	B	W	P	D	R	L	K	X
Y	G	N	O	H	I	I	G	Q	O	U	A	A	Q	I	G
M	G	O	D	U	W	N	B	Y	O	F	X	N	B	N	G
O	G	V	G	P	I	B	L	T	D	F	X	E	C	G	A
E	P	N	M	M	I	U	T	H	P	I	X	R	R	F	E
Y	E	A	M	U	O	P	Y	R	E	N	A	L	Y	I	X
P	N	U	W	V	W	P	E	C	C	R	J	K	D	S	U
D	H	B	X	E	L	G	M	R	K	Q	O	A	G	H	O
R	S	P	A	R	R	O	W	Y	E	S	Q	N	Y	E	N
P	P	N	A	N	K	O	K	G	R	D	M	P	O	R	Q
J	S	R	H	T	O	U	C	A	N	W	Y	U	N	Y	A

CRANE   KINGFISHER   SANDPIPER

DUCK   OWL   SPARROW

GOOSE   PARROT   SWALLOW

HERON   PENGUIN   TOUCAN

HUMMINGBIRD   PUFFIN   WOODPECKER

SAILING SHIPS

```
Q X C N M C O R V A S T E X K A
L O N G S H I P L U G G E R X B
I X X C A B A R Q U E L Q Y Z S
D K O U E Z F Q Z R E S H A G L
X E Q T R N R V R V L X N C Z O
C U H T L G I C A O Q A Q H M O
S L Q E U I G R V C R P N T C P
C Z I R Y K A L M A G O C Y A D
H B G P Y C T J M Q E J P S T Y
O G J K P B E A A L N W J I B Y
O Y Q Y G E T S L P J D B P O G
N Z T I I A R A G S R W B G A P
E A R M C Z G K O A X K J G T I
R B H W H A L C A R R A C K Q E
N F K N Z B I L A N D E R S T R
```

BARQUE	CATAMARAN	LONGSHIP
BILANDER	CATBOAT	LUGGER
BRIG	CLIPPER	SLOOP
CARAVEL	CUTTER	SCHOONER
CARRACK	GALLEON	YACHT

ON THE HIGH SEAS

```
B  F  T  H  O  S  P  I  R  A  T  E  S  E  O  P
E  X  I  O  X  O  A  M  W  B  F  V  X  Q  W  D
A  W  B  S  U  O  G  I  Y  S  H  A  R  K  S  O
X  B  S  N  H  R  P  W  L  S  E  J  S  G  E  L
Q  H  H  W  K  I  I  F  W  P  T  C  T  S  D  P
F  O  Z  V  H  J  N  S  U  T  A  E  I  Q  U  H
I  R  X  S  I  A  D  G  T  P  K  U  R  V  D  I
S  I  Z  S  H  J  L  K  N  S  R  Z  S  Y  Y  N
H  Z  E  O  N  H  I  E  O  C  R  G  D  T  A  A
E  O  L  W  B  R  Q  Y  C  K  Z  B  A  Z  K  W
R  N  D  A  K  O  K  T  E  Z  Y  O  T  R  W  X
M  G  K  F  N  O  B  L  A  S  B  C  M  O  D  D
E  F  B  N  F  D  D  N  N  Q  Z  Q  A  O  B  U
N  N  Z  N  F  W  L  L  G  Q  Z  I  C  R  K  O
G  N  S  M  P  G  S  T  T  I  S  W  A  V  E  S
```

BOAT	**HORIZON**	**SAIL**
CRUISE	**LAND**	**SHARKS**
DOLPHIN	**MYSTERY**	**TOURISTS**
FISHERMEN	**OCEAN**	**WAVES**
FISHING	**PIRATES**	**WHALE**

A BIT FISHY

```
W M E M Q N V F Z A V U E H K L
P H U U O I O Z N X W K U E B M
R V I Z O B M S S H A R K R R O
M N D T T U N A G J I F J R I N
D A A O E O L D I G S Q V I L K
S E C S O B H A L I B U T N L F
O G F K N F A K M U M Y N G A I
B U L T E J K I Z T S O Z H C S
L R O L C R K S T E A B N W G H
G N U K A U E T Q F L F K R E T
X A N R R G R L B R M Q U F E Q
C R D H P C P O L L O C K L O R
U D E S T I P Z O A N U L H Q Z
N B R P I K E R S Y J U Y P K P
G F V W I C Z X U T M Q N B F M
```

BRILL	HERRING	POLLOCK
CARP	MACKEREL	SALMON
FLOUNDER	MONKFISH	SHARK
GURNARD	MULLET	TUNA
HALIBUT	PIKE	WHITEBAIT

LIFE'S A BEACH

Y	E	D	S	J	Y	F	B	Z	B	N	O	B	Y	T	Y
M	B	G	M	Y	X	S	G	N	D	A	F	B	Q	H	K
N	U	A	E	O	I	Y	H	C	G	O	L	D	T	T	S
B	C	M	V	D	A	C	B	E	E	E	Z	L	O	O	U
S	K	E	B	N	M	Z	E	D	L	A	Y	X	X	U	R
E	E	S	L	A	J	W	A	C	N	L	R	R	X	R	F
F	T	S	A	N	D	P	A	V	R	M	S	D	X	I	B
G	F	H	T	N	S	J	F	V	U	E	N	F	J	S	O
G	G	W	O	S	D	G	W	R	E	E	A	U	V	T	A
P	V	F	D	L	N	C	W	B	B	S	S	M	R	S	R
N	T	V	P	U	I	B	A	I	D	E	G	D	R	M	D
M	O	Y	T	J	R	D	Z	S	G	I	A	E	A	E	U
W	W	K	X	J	H	Y	A	B	T	Z	M	C	X	O	G
Y	E	X	K	F	A	C	S	Y	N	L	A	L	H	W	S
L	L	C	B	P	D	F	J	Z	Q	G	E	I	X	F	K

BALL	**HOLIDAY**	**SPADE**
BEACH	**ICE CREAM**	**SURFBOARD**
BUCKET	**SAND**	**TOURISTS**
GAMES	**SANDCASTLE**	**TOWEL**
GOLD	**SHELLS**	**WAVES**

TROPICAL

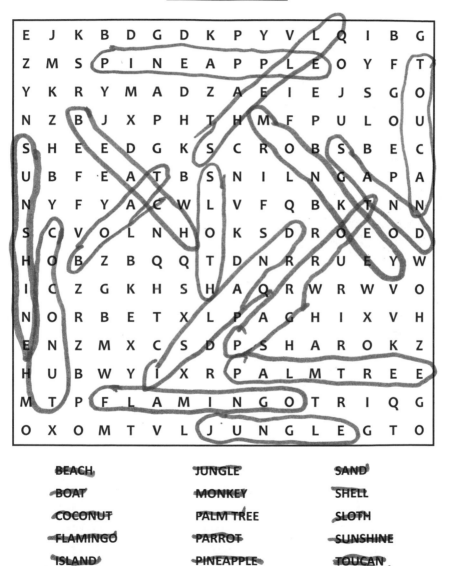

E	J	K	B	D	G	D	K	P	Y	V	L	Q	I	B	G
Z	M	S	P	I	N	E	A	P	P	L	E	O	Y	F	T
Y	K	R	Y	M	A	D	Z	A	E	I	E	J	S	G	O
N	Z	B	J	X	P	H	T	H	M	F	P	U	L	O	U
S	H	E	E	D	G	K	S	C	R	O	B	S	B	E	C
U	B	F	E	A	T	B	S	N	I	L	N	G	A	P	A
N	Y	F	Y	A	C	W	L	V	F	Q	B	K	T	N	N
S	C	V	O	L	N	H	O	K	S	D	R	O	E	O	D
H	O	B	Z	B	Q	Q	T	D	N	R	R	U	E	Y	W
I	C	Z	G	K	H	S	H	A	Q	R	W	R	W	V	O
N	O	R	B	E	T	X	L	P	A	G	H	I	X	V	H
E	N	Z	M	X	C	S	D	P	S	H	A	R	O	K	Z
H	U	B	W	Y	I	X	R	P	A	L	M	T	R	E	E
M	T	P	F	L	A	M	I	N	G	O	T	R	I	Q	G
O	X	O	M	T	V	L	J	U	N	G	L	E	G	T	O

BEACH	JUNGLE	SAND
BOAT	MONKEY	SHELL
COCONUT	PALM TREE	SLOTH
FLAMINGO	PARROT	SUNSHINE
ISLAND	PINEAPPLE	TOUCAN

LET'S PARTY

```
A  O  G  Y  F  O  O  D  V  V  E  S  N  V  X  L
F  D  C  B  Z  O  N  D  Y  S  R  F  B  F  Z  C
R  Q  H  A  M  V  O  A  L  N  N  F  A  A  L  B
I  B  A  N  L  K  X  G  P  O  P  T  L  M  L  N
E  I  M  N  F  P  N  S  I  T  C  Q  L  I  R  U
N  R  P  E  I  X  C  T  I  U  L  N  O  L  G  G
D  T  A  R  C  H  A  O  R  N  Q  M  O  Y  D  S
S  H  G  Y  O  R  P  M  C  F  G  E  N  F  Y  P
T  D  N  E  B  E  G  U  G  K  X  I  S  G  X  P
B  A  E  E  F  M  V  S  Q  A  T  A  N  C  W  C
J  Y  L  O  T  W  S  I  L  U  M  A  H  G  B  A
L  E  G  Y  A  Z  C  C  F  G  A  E  I  M  D  Q
C  N  I  C  J  C  A  K  E  Y  D  L  S  L  V  G
V  D  A  N  C  I  N  G  J  Z  R  C  K  M  S  J
L  N  U  S  L  V  S  O  A  Y  G  I  F  T  S  P
```

BALLOONS	CHAMPAGNE	FRIENDS
BANNER	COCKTAILS	GAMES
BIRTHDAY	DANCING	GIFTS
CAKE	FAMILY	MUSIC
CELEBRATION	FOOD	SINGING

FRAGRANT FLOWERS

T	B	O	P	Z	S	N	O	W	D	R	O	P	Y	J	S
P	U	U	K	M	F	C	N	P	B	I	O	I	W	T	L
L	X	V	T	D	R	Y	W	M	V	S	R	W	V	T	V
J	A	I	M	T	E	J	O	P	M	I	C	Z	E	X	U
A	P	O	K	X	E	C	D	Z	F	M	H	W	Z	X	H
S	X	L	B	F	S	R	U	L	X	X	I	Q	S	F	B
M	R	A	O	K	I	L	C	T	I	D	D	V	I	O	E
I	P	E	C	T	A	I	U	U	C	L	A	D	D	R	G
N	K	O	M	A	U	N	L	G	P	I	A	Z	A	S	O
E	C	H	F	X	P	S	C	Y	K	U	X	C	I	Y	N
V	S	N	O	J	Z	H	M	R	V	Q	Y	C	S	T	I
A	Y	W	C	C	H	P	A	C	U	P	B	I	Y	H	A
U	J	O	R	Y	R	L	Q	S	P	O	M	L	C	I	A
U	B	H	H	X	C	X	J	O	X	W	G	A	Y	A	N
A	L	Y	S	S	U	M	P	Q	A	I	R	J	C	B	X

ALYSSUM	DAISY	LOTUS
BEGONIA	FORSYTHIA	ORCHID
BUTTERCUP	FREESIA	POPPY
CLARKIA	JASMINE	SNOWDROP
COCKSCOMB	LILAC	VIOLA

INSECTS

```
R L N S P J L O T M O T H S F A
M F F O M M A A F C Y K U H P Y
R C W D O B L P D L M I J W L C
N W A R S Q U G H Y Y L Z U F F
U R S A Q K Z T G I B X B E H W
M X P G U U D Z T G D I Q I P N
T S B O I Q M I H E E A R W I G
B I B N T C A H N W R Z Y D W F
W Y J F O R Y D U W A F P A A V
Q J L L E I F D E F T M L M U U
O C I Y B C L K T B G H G Y C F
Q G Z M E K Y N H B E E T L E O
M I K D E E A S T E R M I T E W
H V A N O T N Z J H O M P Y N W
F T Z L K G K X N Z K W K N O H
```

ANT	CRICKET	MAYFLY
APHID	DRAGONFLY	MOSQUITO
BEE	EARWIG	MOTHS
BEETLE	FLY	TERMITE
BUTTERFLY	LADYBIRD	WASP

THE LUXURIES OF LIFE

G	I	F	T	S	W	F	O	O	D	T	C	U	S	D	U
M	S	Z	Y	N	L	I	P	E	A	W	W	O	K	S	V
H	F	V	E	P	X	R	R	L	I	C	Y	Y	H	C	B
A	R	C	U	D	W	U	H	W	I	R	V	F	K	E	A
H	I	N	A	H	T	K	W	S	E	V	V	O	R	L	D
E	E	C	K	A	V	R	U	V	E	I	N	D	Q	E	V
D	N	L	N	L	S	M	O	M	M	N	M	Q	J	B	E
U	D	J	T	M	F	C	O	Y	W	N	P	M	E	R	N
C	S	X	U	X	S	H	T	Q	S	I	E	I	W	A	T
A	H	V	S	I	E	N	B	R	Q	S	T	D	E	T	U
T	I	C	D	K	P	Q	X	F	Z	Q	S	S	L	I	R
I	P	F	O	P	S	B	M	N	Y	F	E	R	R	O	E
O	N	H	O	L	I	D	A	Y	S	M	M	G	Y	N	S
N	Q	L	O	V	E	Z	H	I	Q	A	L	T	A	S	K
B	J	H	S	U	N	S	H	I	N	E	G	J	Y	Y	O

ADVENTURES	**FRIENDSHIP**	**LOVE**
CELEBRATIONS	**GIFTS**	**MUSIC**
DISCOVERY	**HOLIDAYS**	**NATURE**
EDUCATION	**HOME**	**PETS**
FOOD	**JEWELRY**	**SUNSHINE**

WILD FLOWERS

```
G A N E M O N E M D N N K U Z E
L A S U S D W R A T V B S M B U
I X T N M X N E R S M R E Q S C
S O W E A S K S C O T E R D D A
I Z J G V P B A C R T E M S E L
A Q F F O T D X K F K H R D L Y
N C P V D D O R S H W Y C A P P
T A Z Y A C H R A C G D B H H T
H R I L C C J T V G V R M L I U
U N L M B S A U C F O A F I N S
S A R B Q U I N C E I N V A I T
C T Q L A R K S P U R G S S U V
Q I C H R Y S A N T H E M U M S
R O C H T I I C L K L A F G G R
S N I J T C M Y I L I A T R I S
```

ANEMONE	COXCOMB	LARKSPUR
ASTER	DAHLIAS	LIATRIS
CALLA	DELPHINIUM	LISIANTHUS
CARNATION	EUCALYPTUS	QUINCE
CHRYSANTHEMUMS	HYDRANGEA	SNAPDRAGON

SEA FISHING

Y	H	B	I	M	F	X	G	U	L	S	A	E	L	J	Z
H	O	R	I	Z	O	N	Y	H	A	A	O	R	L	H	I
B	F	G	L	B	E	A	M	M	Y	J	S	K	N	F	K
T	S	I	Q	Q	Z	K	C	S	K	G	T	D	E	U	G
C	C	G	S	D	Q	Y	O	X	G	P	A	D	T	R	B
C	B	M	I	H	D	M	G	B	C	W	R	A	N	Y	C
S	X	F	W	S	E	M	Y	U	S	B	B	L	R	Q	A
I	X	F	M	P	C	R	H	P	L	R	O	S	U	X	T
D	A	W	Y	G	K	X	M	U	Z	T	A	T	E	V	C
S	R	A	B	O	J	N	A	E	A	N	R	E	G	A	H
F	P	V	P	X	F	H	Y	O	N	V	D	L	K	L	T
Z	I	E	C	N	X	F	B	O	W	L	L	W	F	H	O
W	J	S	D	G	S	T	E	R	N	W	Q	L	W	C	G
B	Z	M	H	Z	V	X	K	G	Q	K	I	O	E	H	O
T	E	Z	F	A	F	M	P	O	R	T	B	P	B	V	S

BEAM	**FISH**	**PORT**
BOAT	**FISHERMEN**	**SEA**
BOW	**HAUL**	**STARBOARD**
CATCH	**HORIZON**	**STERN**
DECK	**NET**	**WAVES**

HOT, HOT, HOT!

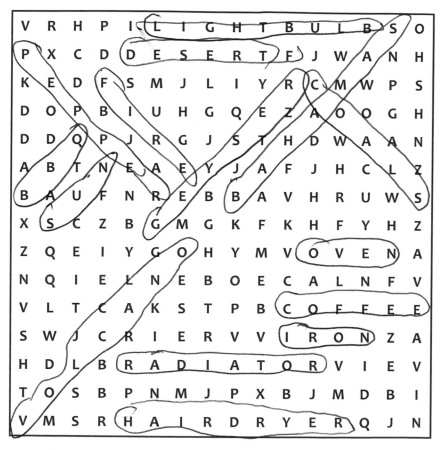

V	R	H	P	I	L	I	G	H	T	B	U	L	B	S	O
P	X	C	D	D	E	S	E	R	T	F	J	W	A	N	H
K	E	D	F	S	M	J	L	I	Y	R	C	M	W	P	S
D	O	P	B	I	U	H	G	Q	E	Z	A	O	O	G	H
D	D	Q	P	J	R	G	J	S	T	H	D	W	A	A	N
A	B	T	N	E	A	E	Y	J	A	F	J	H	C	L	Z
B	A	U	F	N	R	E	B	B	A	V	H	R	U	W	S
X	S	C	Z	B	G	M	G	K	F	K	H	F	Y	H	Z
Z	Q	E	I	Y	G	O	H	Y	M	V	O	V	E	N	A
N	Q	I	E	L	N	E	B	O	E	C	A	L	N	F	V
V	L	T	C	A	K	S	T	P	B	C	O	F	F	E	E
S	W	J	C	R	I	E	R	V	V	I	R	O	N	Z	A
H	D	L	B	R	A	D	I	A	T	O	R	V	I	E	V
T	O	S	B	P	N	M	J	P	X	B	J	M	D	B	I
V	M	S	R	H	A	I	R	D	R	Y	E	R	Q	J	N

BAHAMAS   FIRE   OVEN

BBQ   GEYSER   PEPPER

COALS   HAIR DRYER   RADIATOR

COFFEE   IRON   SUN

DESERT   LIGHT BULB   VOLCANO

DRINK UP

C	I	D	E	R	C	H	A	M	P	A	G	N	E	F	Q
W	E	V	M	U	E	L	W	E	S	P	I	R	I	T	S
H	O	Y	I	Q	Z	J	X	R	M	F	G	S	T	W	T
Z	G	H	L	G	D	Q	R	I	E	C	K	J	T	H	N
O	B	O	K	V	C	C	Z	L	B	J	J	S	W	P	Z
O	T	T	S	J	V	O	L	E	M	O	N	A	D	E	H
J	E	C	H	C	C	N	C	C	O	F	F	E	E	M	S
F	A	H	A	S	U	O	X	K	H	F	G	A	M	U	O
O	P	O	K	R	O	O	L	B	T	T	Y	K	L	U	A
K	I	C	E	J	G	D	Q	A	S	A	I	D	F	B	I
Z	Y	O	W	W	Q	F	A	F	Q	S	I	Z	F	H	E
P	X	L	A	W	I	Q	Q	U	B	C	P	L	C	C	N
X	L	A	T	T	O	N	E	C	R	J	E	A	I	J	D
Q	P	T	E	I	H	H	E	I	N	P	Y	U	K	L	O
B	F	E	R	P	D	B	E	E	R	V	J	R	Q	S	D

BEER	COLA	SODA
CHAMPAGNE	HOT CHOCOLATE	SPIRITS
CIDER	JUICE	TEA
COCKTAIL	LEMONADE	WINE
COFFEE	MILKSHAKE	WATER

JUST DESSERTS

X	V	T	V	W	F	L	A	P	J	A	C	K	Q	O	F
J	W	M	V	F	O	V	N	P	V	E	G	B	B	N	M
C	U	P	C	A	K	E	W	M	M	W	I	R	A	S	O
B	Y	U	L	W	P	E	A	R	M	E	N	I	A	U	U
G	S	D	C	F	Z	E	H	T	I	U	G	C	P	V	S
I	Q	Z	K	S	R	N	G	N	E	K	E	E	P	D	S
G	W	L	F	C	R	W	W	C	C	M	R	P	L	O	E
H	B	U	E	T	V	O	A	L	O	E	B	U	E	N	Z
D	R	C	Y	K	R	K	T	G	O	R	R	D	P	U	T
J	I	F	D	B	C	T	J	G	K	I	E	D	I	T	D
Q	D	O	V	U	L	Y	C	M	I	N	A	I	E	T	V
C	A	R	R	O	T	C	A	K	E	G	D	N	I	T	H
I	X	Y	J	E	L	L	Y	H	H	U	J	G	A	N	C
K	C	H	E	E	S	E	C	A	K	E	T	F	M	M	P
T	T	I	R	A	M	I	S	U	Q	F	W	F	B	R	Q

APPLE PIE	**CUPCAKE**	**JELLY**
BROWNIE	**DONUT**	**MERINGUE**
CARROT CAKE	**FLAPJACK**	**MOUSSE**
CHEESECAKE	**GINGERBREAD**	**RICE PUDDING**
COOKIE	**ICE CREAM**	**TIRAMISU**

WATER FUN

```
S  D  C  G  Q  K  T  A  S  Z  K  K  F  U  I  G
L  W  P  P  V  A  C  X  A  F  I  S  H  I  N  G
R  G  I  O  Z  W  W  I  B  O  A  T  I  N  G  G
H  O  C  M  J  A  F  R  L  O  I  V  Q  I  O  L
J  P  W  L  M  K  U  Z  I  R  P  H  V  Y  A  X
T  N  V  I  Z  I  L  C  N  O  K  I  Y  K  S  A
T  U  Y  S  N  N  H  G  G  D  N  Y  V  Z  I
L  L  B  C  K  G  C  G  R  R  A  S  P  O  N  O
Z  P  C  I  S  U  R  F  I  N  G  K  O  N  D  P
G  C  H  O  N  J  V  N  F  V  V  Q  G  Y  A  I
Q  S  J  I  H  G  S  N  O  R  K  E  L  I  N  G
P  A  R  A  S  A  I  L  I  N  G  X  W  W  X  M
C  A  N  O  E  I  N  G  C  R  U  I  S  I  N  G
H  A  W  A  T  E  R  S  K  I  I  N  G  M  L  Q
T  N  Y  B  O  D  Y  B  O  A  R  D  I  N  G  H
```

BOATING   FISHING   ~~SNORKELING~~

~~BODY BOARDING~~   KAYAKING   ~~SURFING~~

~~CANOEING~~   ~~PARASAILING~~   SWIMMING

~~CRUISING~~   ROWING   TUBING

DIVING   ~~SAILING~~   ~~WATERSKIING~~

FRUIT BASKET

B	B	T	R	G	U	A	V	A	E	U	W	O	O	T	G
V	B	S	T	R	A	W	B	E	R	R	Y	P	I	I	Q
F	J	W	Y	P	G	N	W	E	J	E	T	U	F	K	A
R	G	U	N	P	E	M	T	R	F	F	R	I	K	Z	P
A	E	Z	O	D	R	A	G	O	N	F	R	U	I	T	R
S	P	L	U	M	D	A	B	E	N	Q	G	O	N	F	I
P	D	T	T	A	C	X	T	O	N	K	E	N	O	B	C
B	T	S	Y	N	K	Y	I	T	T	I	I	E	S	X	O
E	K	I	U	H	Y	S	J	M	P	W	Q	C	A	C	T
R	U	V	Z	E	S	R	V	O	E	I	P	T	Y	M	Y
R	M	M	U	A	A	R	M	N	K	F	E	A	A	V	D
Y	Q	T	P	E	O	M	M	M	U	U	A	R	K	E	G
Z	U	U	P	H	B	Q	L	X	F	Q	C	I	V	R	O
H	A	I	A	V	T	F	V	P	J	P	H	N	D	V	C
Q	T	Q	X	A	U	D	A	O	K	C	F	E	W	Z	K

APRICOT	KIWI	PEAR
DATE	KUMQUAT	PLUM
DRAGONFRUIT	NECTARINE	RASPBERRY
FIG	PASSIONFRUIT	STRAWBERRY
GUAVA	PEACH	YUZU

WAKE UP

X	U	H	F	O	O	Z	A	Y	C	L	O	T	H	E	S
E	S	C	M	I	F	D	B	V	E	U	C	E	X	Z	E
Q	U	F	O	N	N	T	T	U	P	L	Y	E	G	S	I
S	N	O	R	O	H	I	C	U	O	I	K	A	I	T	B
L	S	J	N	Y	O	R	T	L	T	A	S	R	F	V	R
X	H	D	I	V	N	E	J	I	W	A	C	C	M	E
A	I	L	N	I	G	D	V	A	T	W	J	A	O	Z	A
Y	N	I	G	J	Z	R	E	U	J	R	P	I	F	U	K
J	E	G	B	Z	F	D	Y	D	E	A	E	L	F	M	F
I	M	H	O	L	I	Y	P	W	T	K	U	I	E	Q	A
E	J	T	K	W	P	C	O	S	A	P	T	B	E	M	S
Z	J	R	V	T	S	H	W	W	T	X	U	E	W	X	T
G	O	I	G	T	S	X	A	R	S	M	L	D	M	V	C
W	Q	F	R	S	Y	H	M	L	G	V	G	Z	O	D	T
L	X	P	J	E	S	L	E	E	P	Y	Y	P	X	W	G

AWAKE	**GET UP**	**SLEEPY**
BED	**LIGHT**	**SUNSHINE**
BREAKFAST	**MORNING**	**TIRED**
CLOTHES	**RISE**	**WIDE AWAKE**
COFFEE	**SHOWER**	**WORK**

HAPPINESS

```
I Q H O P E F U L N E S S Z S M
C J R E N J O Y M E N T H P Q E
O C Q X F E I W W G G D I L G Y
N R C T H X Z Q H F W P L E O F
T F N L A U Y C S W P J A A B S
E Z Y A P B Y H H U V O R S A Y
N U Y U P E Q X S E Q N I U A V
T W K G I R F P K P E V T R Y I
E O N H A U V D X E R Y E W V
D B W I E N N W U L U E P Q T A
N L Q E S C O O G O F L H V Z C
E I H R S E S G J W C Z S B N I
S S G J U B I L A T I O N W R T
S S D S N G Z N I E C Y X S N Y
L H T X J O Y O P W V H F S J F
```

BLISS

CHEER

CONTENTEDNESS

ENJOYMENT

EXUBERANCE

FUN

GIGGLE

HAPPINESS

HILARITY

HOPEFULNESS

JOY

JUBILATION

LAUGHTER

PLEASURE

VIVACITY

TIME ZONE

E	Q	Z	F	D	E	C	A	U	S	T	R	A	L	I	A
B	E	O	I	R	E	L	A	N	D	O	A	W	K	E	U
S	T	B	Y	X	J	A	J	L	B	E	Q	R	A	P	Z
V	S	S	F	A	A	I	E	F	L	J	A	I	I	M	N
X	B	P	O	T	P	F	I	M	Y	M	S	J	L	W	J
U	H	L	A	Z	A	X	B	Y	N	S	T	T	D	T	C
I	Z	O	R	I	N	H	B	E	U	F	E	C	P	T	Y
I	B	K	G	K	N	V	D	R	D	U	P	M	O	K	G
O	I	H	M	B	B	Q	U	E	Y	T	S	O	R	P	B
B	R	A	Z	I	L	T	V	F	V	O	D	N	T	M	C
D	P	O	K	A	J	O	V	Z	Z	C	N	A	U	E	H
H	K	A	C	A	M	B	O	D	I	A	I	C	G	X	I
M	F	R	A	N	C	E	Q	D	Q	O	W	O	A	I	L
I	E	X	C	Z	F	I	N	L	A	N	D	D	L	C	E
X	O	B	O	L	I	V	I	A	H	B	E	V	M	O	F

AUSTRALIA	**DENMARK**	**MEXICO**
BOLIVIA	**FINLAND**	**MONACO**
BRAZIL	**FRANCE**	**PORTUGAL**
CAMBODIA	**IRELAND**	**RUSSIA**
CHILE	**JAPAN**	**SPAIN**

FUN IN THE SUN

K	K	C	C	T	E	C	U	A	D	O	R	Z	R	K	M
R	B	R	Y	B	A	R	B	A	D	O	S	H	Q	X	Q
N	T	I	P	Y	F	B	N	C	G	E	E	G	W	U
K	R	N	G	F	M	G	A	T	H	A	I	L	A	N	D
I	I	D	Y	M	A	R	I	H	Z	R	J	J	Q	Q	R
H	N	O	N	H	U	E	C	G	A	Z	A	Q	T	C	W
X	I	N	H	D	P	N	U	C	N	M	M	B	H	A	K
F	D	E	N	I	E	A	C	O	S	T	A	R	I	C	A
K	A	S	T	O	R	D	V	M	B	Y	I	S	D	R	P
K	D	I	F	W	U	A	I	B	F	H	C	U	B	A	C
F	A	A	X	W	H	U	E	U	T	P	A	X	O	R	L
H	P	Y	M	Z	E	Z	T	R	J	S	L	L	Q	O	C
F	Z	H	C	F	P	E	N	M	K	N	A	S	H	U	H
M	E	X	I	C	O	F	A	A	I	Y	R	Y	X	D	X
C	C	G	U	O	S	L	M	C	U	R	C	C	T	H	S

BAHAMAS	ECUADOR	MEXICO
BARBADOS	GRENADA	PERU
BURMA	HAITI	~~THAILAND~~
~~COSTA RICA~~	INDONESIA	TRINIDAD
CUBA	JAMAICA	VIETNAM

REPTILE KINGS

```
G  Z  N  V  G  P  A  C  H  A  M  E  L  E  O  N
W  I  N  W  B  A  S  I  L  I  S  K  M  C  G  V
O  A  Q  K  O  U  E  T  U  R  T  L  E  R  J  R
I  L  T  O  G  S  A  S  N  A  K  E  W  O  Z  A
R  L  I  M  G  X  O  F  L  K  S  L  G  C  A  T
K  I  H  O  I  Y  E  V  K  I  E  Z  E  O  K  T
V  G  O  D  F  A  Y  N  O  R  N  T  C  D  E  L
G  A  U  O  A  G  I  T  E  M  I  M  K  I  J  E
X  T  R  D  U  K  R  D  I  D  U  S  O  L  L  S
D  O  R  R  S  O  D  P  I  Z  V  P  K  E  R  N
D  R  P  A  T  A  R  B  G  D  L  G  C  J  F  A
G  P  R  G  P  C  A  N  U  U  V  V  O  X  P  K
O  J  T  O  F  Y  S  B  A  O  D  S  B  R  S  E
K  T  V  N  V  Z  F  B  N  G  U  S  R  W  X  T
J  R  O  F  P  L  I  Z  A  R  D  E  A  T  Y  X
```

ADDER	CROCODILE	RATTLESNAKE
ALLIGATOR	GECKO	SKINK
BASILISK	IGUANA	SNAKE
CHAMELEON	KOMODO DRAGON	TORTOISE
COBRA	LIZARD	TURTLE

TROPICAL

SOLUTIONS

Page 3

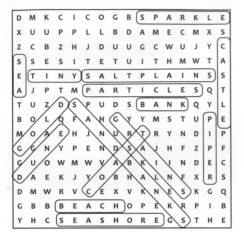

Page 5

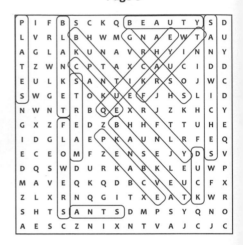

Page 7

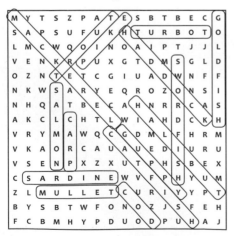

Page 9

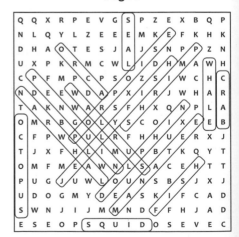

Page 11

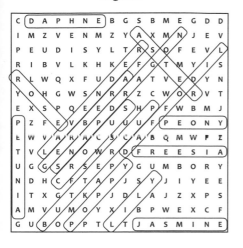

Page 13

F Z L S I E N I S O Y S T E R S
R U L C L O B E M F N H X E E K
M N I T B O K S T G I Z Y V K P
I O R O U I X H C B P S A X N O
R U M P D Z W A B D E W H G O C
T Q O P E Z W R E L X G U G W T
J B F G E H W K A B C U N N J O
B R N F S Q L H G H R A V M Z P
I J R W Y L W D V V A E E C I U
R I S B Y K I C L Y B M C L R S
D U E O W C S D B J S D X W D P
S N A A A Z L O Z D J U I L W Q
T U L T T B A W G Z I I K A D N
D E W H E C N T K R G K G G O Q
B W B X R M D V S S H I P O R Y

Page 15

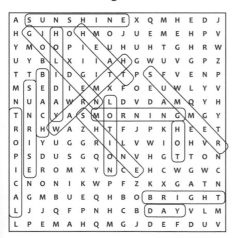

Page 17

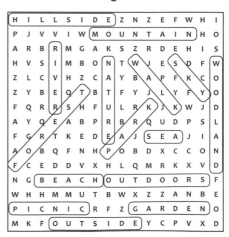

Page 19

Page 21

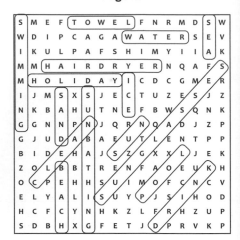

Page 23

Page 25

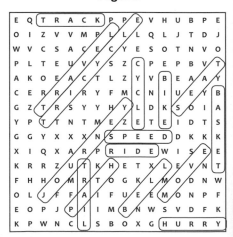

Page 27

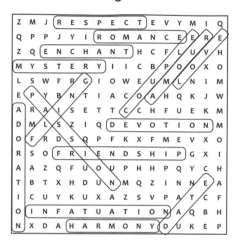

Page 29

Page 31

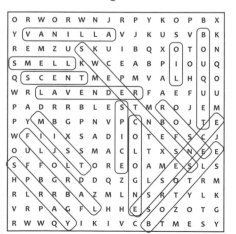

Page 33

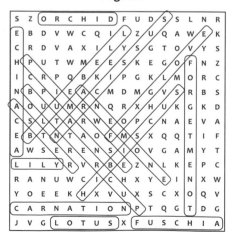

Page 35

```
P R T C A K L J Z S J I W M P U
L C H I N E S E B E C D R S W T
S X X C G O X I E O N C H P M S
P Y L L G I I T I F I G C G K F
A K C Y H A T J V V I E L X B T
N V K Y K M E A A F Z N Z I Y Y
I K J G E R G L L P B N N U S I
S X Z W T Z Y E I I A A V I T H
H S W E D I S H R C A N T V S Z
O F X L Z S C Y R M B N E W C H
R U S S I A N K D H A C F S U X
N S X H H S V I N O N N G J E M
V K O R E A N P K U P O L I S H
H N T P O R T U G U E S E Z O Q
C Z T J B Y E Z M F R E N C H W
```

Page 37

```
Z X W S G I B E L M K L Z A J J
H B I Z K S M H O I E H X V U L
C L L X Z K E I V K B R F C B H
H I N E L Y Q L E P Y Z R S I T
E S H Z D Z L K L L H T H Y L H
E S C E T A D E Y E E M O F A R
R F C O N T E N T A R R M F N I
F U V L I V E L Y S Y D L J T L
U L C L C J K F I E J O Y F U L
L W P Q P X T U Q D T Y U H X E
K J G L E E E L A T E D D A C D
A Q H V O K H X M S A W D P F F
Z C H I R P Y V V P T O J P K I
I F F T O J V O Z C K N N Y S L
Z K L P L E A S A N T W N R B N
```

Page 39

```
X F R M C J E U J P S X N L Z N
R M C E R F O R E S T S E A P Y
A W A I Z L L R M C J R E V T N
A O N X R P G A U A D R U Q J J
G V Y A K E V I Q V J V N O R U
V Y O D W H E N H E V L L C D N
P V N Y A E D F W S T J A E Q G
W O S B T K N O S L R I K A M L
D L B I E A U R O R A S E N D E
E C D S R L Z E Q D U P S S G S
S A B L F X B S N A Q M E U I Y
E N D A A Z V T F J I Q B Q D D
R O U N L G O S T W R N L Y P I
T E Z D L C M O U N T A I N S J
S S Q S S H I L L S O O K X M O
```

Page 41

```
O X M X N T C Q W F S G I M S O
X O A C O R F U A P B Q S Q N
V L H J Z O P Y W L C W K V Z B
S C R H E A E Z P K B O P D E M
Q U A N W G I R S L P B H R E A
A O R P G X A Z C A W A A U O D
I O V S R B I L U N I B W W A A
B X A R U I S B B D R A A W Y G
T A O C Q P P A O S E H I I U A
A Q X A N C E R R W L A I D J S
H X Y X I Y F B A U A M Q N F C
I K K U K P G A B I N A K X A A
T G A S V R B D O U D S M Q K R
I M V K A U S O R L N P P X N N
V S I L G S N S A W Q T F B R F
```

Page 43

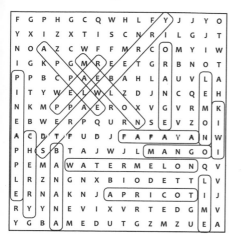

Page 45

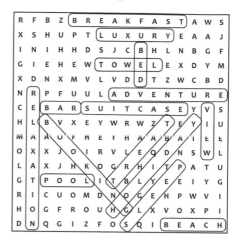

Page 47

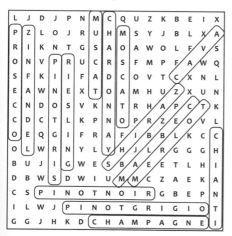

Page 49

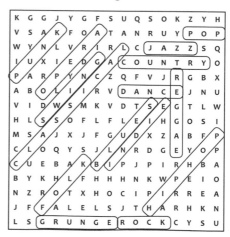

Page 51

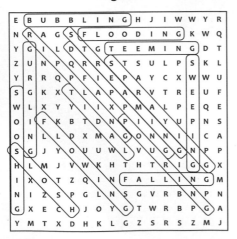

```
C T M L J P J Y V I O L E T L N
W G D G W Q P A V V K L U A O T
J A A K A L D R D E W Q S X T I
V R F Q L G G R A W P L J M S G
Z D F C L N V O M P O P P Y Z E
P E O W F R M W H E A T H E R R
M N D A L O A N Z X Z C B E Y L
S I I T O S R G W V P E O N Y I
M A L E W E I E R M S Y M O O L
X Y B R E Q G R X D D T Q C J Y
D Q I L R A O A T U L I P Q L C
U J U I Q F L N G I R Z H E N V
C M X L S J D I P A N S Y A W D
Q Z N Y U P V U V G G X A Q S R
V Y Z N Y G S M L C U X Z N H Z
```

Page 53

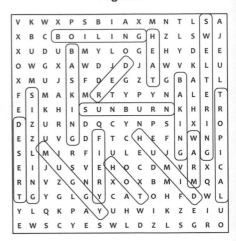

```
V K W X P S B I A X M N T L S A
X B C B O I L I N G H Z L S W J
X U D U B M Y L O G E H Y D E E
O W G X A W D J D J A W V K L U
X M U J S F D E G Z T G B A T L
F S M A K M R T Y P Y N A L E T
E I K H I S U N B U R N K H R R
D Z U R N D Q C Y N P S I X I O
E Z U V G D F T C H E F N W N P
S L M I R F I U L E U J G A G
E I J U S V E H O C D M V R X C
R N V Z G N R X O X B M I M Q A
T G Y G L G Y C A T O H F D W L
Y L Q K P A Y U H W I K Z E I U
E W S C Y E S W L D Z L S G R O
```

Page 55

```
E B U B B L I N G H J I W W Y R
N R A G S F L O O D I N G K W Q
Y G I L D T G T E E M I N G D T
Z U N P Q R R S T S U L P S K L
Y R R Q P F I E P A Y C X W W U
S G K X T L A P A R V T R E U F
W L X Y Y I I X P M A L P E Q E
O I F K B T D N P I I Y U P N S
O N L L D X M A G O N N I I C A
S G J Y O U U W L V U G G N P P
H L M J V W K H T H T R I G G X
I X O T Z Q I N F A L L I N G M
N I Z S P G L N S G V R B N P N
G X E C H J O Y G T W R B P G A
Y M T X D H K L G Z S R S Z M J
```

Page 57

```
K C U R E S T A U R A N T P L P
I I S W E O A V O J J N U M D E
C A Z P U Y D I U T N C E Q X U
C M C K F Y V P D T I H U D D E
F O O D L R E X E O C C V D T V
D J P E B R N K S A P U K O G R
J J T E M T T J E L J D G E M G
K O E E F B U B R Z I U U L T D
H K M M L T R V T V C Q K J I T
S M T U I R E I S L A N D F M W
R V R S G A A X I H H B O A T M
L I I E H I M S K I I N G T D H
E G P U T N R R C M U T W D B Q
W O W M I L N J U N G L E E L K
N T R Z E A L Y D T D K K U M X
```

Page 59

```
I W Q F U N G U V K B W W B Z K
W A R M C R K V Z C R F Y C Y N
H N V Q M O R N I N G M V E A
C Z V M B S J C R U F J E S A I
G S S U N N Y O T F U N T U C B
T R O P I C A L O M M B O M R B
R Q W D R O M P A L I U G M G Z
W E A T H E R L S U P L L E A Y
S T M B Y N A E T K R Q D R B Y
G J H E N H S A Y E X E I O M V
F S E A N T U S F W H A M L H P
X I A C O Q N A B A B O A O B F
F D T H M O R N T R M B W C A R
H T E B Y M B T L M U Q I C F Y
D R O A S T I N G G N S H T X K
```

Page 61

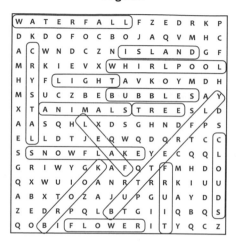

```
W A T E R F A L L F Z E D R K P
D K D O F O C B O J A Q V M H C
A C W N D C Z N I S L A N D G F
M R K I E V X W H I R L P O O L
H Y F L I G H T A V K O Y M D H
M S U C Z B E B U B B L E S A Y
X T A N I M A L S T R E E S L D
A A S Q H L X D S G H N D F P S
E L L D T J E Q W Q D O R T C C
S S N O W F L A K E Y E C Q Q L
G R I W Y G K A F Q T F M H D O
Q X W U I O A N R T R R K I U U
A B X T O Z A J U P G U A Y D D
Z E D R P Q L B T G I I Q B Q S
Q O B I F L O W E R I T Y Q C Z
```

Page 63

```
K S W A L L O W K K Q O U N G D
P A R R O T B U C J K D V E H R
Z I U V J K J U T I R Q M Q Q P
S R B Z I E D Q T I V X C X W R
H A H M S M N P B W P D R L K X
Y G N O H I I G Q O U A A Q I G
M G O D U W N B Y O F X N B N G
O G V G P I B L T D F X E C G A
E P N M M I U T H P I X R R F E
Y E A M U O P Y R E N A L Y I X
P N U W V W P E C C R J K D S U
D H B X E L G M R K Q O A G H O
R S P A R R O W Y E S Q N Y E N
P P N A N K O K G R D M P O R J
J S R H T O U C A N W Y U N Y A
```

Page 65

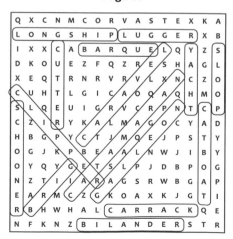

```
Q X C N M C O R V A S T E X K A
L O N G S H I P L U G G E R X B
I X X C A B A R Q U E L Q Y Z S
D K O U E Z F Q Z R E S H A G L
X E Q T R N R V R V L X N C Z O
C U H T L G I C A O Q A H M O O
S L Q E U I G R V C R P N T C P
C Z I R Y K A L M A G O C Y A D
H B G P Y C T J M Q E J P S T Y
O G J K P B E A A L N W J I B Y
O Y Q Y G E T S L P J D B P O G
N Z T I I A R A G S R W B G A P
E A R M C Z G K O A X K J G T I
R B H W H A L C A R R A C K X E
N F K N Z B I L A N D E R S T R
```

Page 67

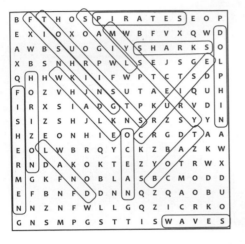

Page 69

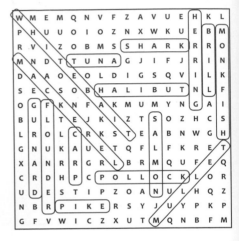

Page 71

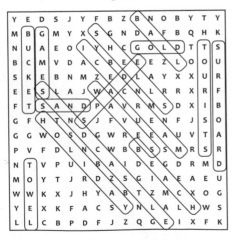

Page 73

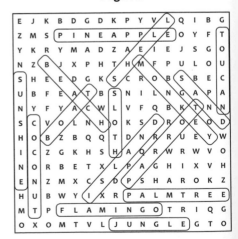

Page 75

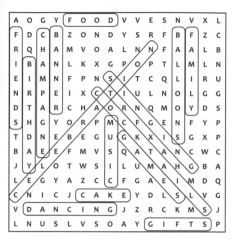

Page 77

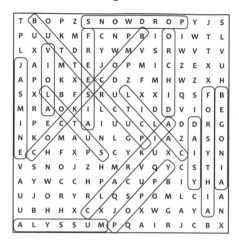

Page 79

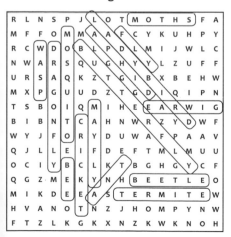

Page 81

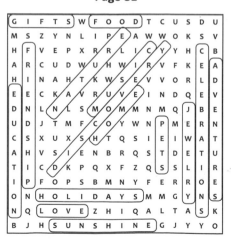

Page 83

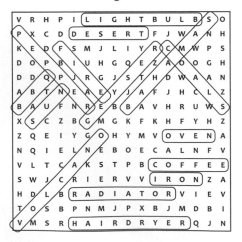

Page 85

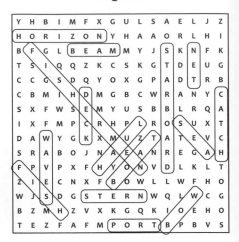

Page 87

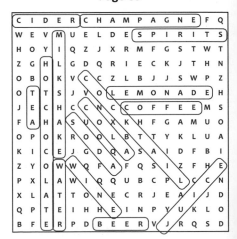

Page 89

Page 91

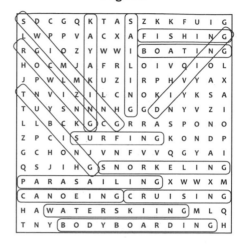

Page 93

Page 95

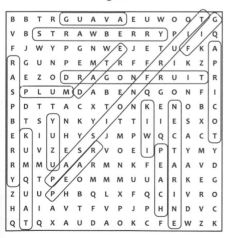

Page 97

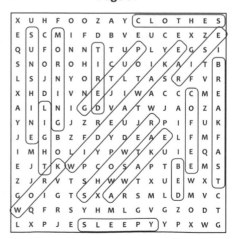

Page 99

```
I  Q  H  O  P  E  F  U  L  N  E  S  S  Z  S  M
C  J  R  E  N  J  O  Y  M  E  N  T  H  P  Q  E
O  C  Q  X  F  E  I  W  W  G  G  D  I  L  G  Y
N  R  C  T  H  X  Z  Q  H  F  W  P  L  E  O  F
T  F  N  L  A  U  Y  C  S  W  P  J  A  A  B  S
E  Z  Y  A  P  B  Y  H  H  U  V  O  R  S  A  Y
N  U  Y  U  P  E  Q  X  S  E  Q  N  I  U  A  V
T  W  K  G  I  R  F  P  K  P  E  V  T  R  Y  I
E  O  N  H  N  A  U  V  D  X  E  R  Y  E  W  V
D  B  W  T  E  N  N  W  U  L  U  E  P  Q  T  A
N  L  Q  E  S  C  O  O  G  O  F  L  H  V  Z  C
E  I  H  R  S  E  S  G  J  W  C  Z  S  B  N  I
S  S  G  J  U  B  I  L  A  T  I  O  N  W  R  T
S  S  D  S  N  G  Z  N  I  E  C  Y  X  S  N  Y
L  H  T  X  J  O  Y  O  P  W  V  H  F  S  J  F
```

Page 101

```
E  Q  Z  F  D  E  C  A  U  S  T  R  A  L  I  A
B  E  O  I  R  E  L  A  N  D  O  A  W  K  E  U
S  T  B  Y  X  J  A  J  L  B  E  Q  R  A  P  Z
V  S  S  F  A  A  I  E  F  L  J  A  I  I  M  N
X  B  P  O  T  P  F  I  M  Y  M  S  J  L  W  J
U  H  L  A  Z  A  X  B  Y  N  S  T  T  D  T  C
I  Z  O  R  I  N  H  B  E  U  F  E  C  P  T  Y
I  B  K  G  K  N  V  D  R  D  U  P  M  O  K  G
O  I  H  M  B  B  Q  U  E  Y  T  S  O  R  P  B
B  R  A  Z  I  L  T  V  F  V  O  D  N  T  M  C
D  P  O  K  A  J  O  V  Z  Z  C  N  A  U  E  H
H  K  A  C  A  M  B  O  D  I  A  I  C  G  X  I
M  F  R  A  N  C  E  Q  D  Q  O  W  O  A  I  L
I  E  X  C  Z  F  I  N  L  A  N  D  D  L  C  E
X  O  B  O  L  I  V  I  A  H  B  E  V  M  O  F
```

Page 103

```
K  K  C  C  T  E  C  U  A  D  O  R  Z  R  K  M
R  B  R  Y  B  A  R  B  A  D  O  S  H  Q  X  Q
N  T  I  P  Y  F  B  N  N  C  G  E  E  G  W  U
K  R  N  G  F  M  G  A  T  H  A  I  L  A  N  D
I  I  D  Y  M  A  R  I  H  Z  R  J  J  Q  Q  R
H  N  O  N  H  U  E  C  G  A  Z  A  Q  T  C  W
X  I  N  H  D  P  N  U  C  N  M  M  B  H  A  K
F  D  E  N  I  E  A  C  O  S  T  A  R  I  C  A
K  A  S  T  O  R  D  V  M  B  Y  I  S  D  R  P
K  D  I  F  W  U  A  I  B  F  H  C  U  B  A  C
F  A  A  X  W  H  U  E  U  T  P  A  X  O  R  L
H  P  Y  M  Z  E  Z  T  R  J  S  L  L  Q  O  C
F  Z  H  C  F  P  E  N  M  K  N  A  S  H  U  H
M  E  X  I  C  O  F  A  A  I  Y  R  Y  X  D  X
C  C  G  U  O  S  L  M  C  U  R  C  C  T  H  S
```

Page 105

```
G  Z  N  V  G  P  A  C  H  A  M  E  L  E  O  N
W  I  N  W  B  A  S  I  L  I  S  K  M  C  G  V
O  A  Q  K  O  U  E  T  U  R  T  L  E  R  J  R
I  L  T  O  G  S  A  S  N  A  K  E  W  O  Z  A
R  L  I  M  G  X  O  F  L  K  S  L  G  C  A  T
K  I  H  O  I  Y  E  V  K  I  E  Z  E  O  K  T
V  G  O  D  F  A  Y  N  O  R  N  T  C  D  E  L
G  A  U  O  A  G  I  T  E  M  I  M  K  I  J  E
X  T  R  D  U  K  R  D  I  D  U  S  O  L  L  S
D  O  R  R  S  O  D  P  I  Z  V  P  K  E  R  N
D  R  P  A  T  A  R  B  G  D  L  G  C  J  F  A
G  P  R  G  P  C  A  N  U  U  V  V  O  X  P  K
O  J  T  O  F  Y  S  B  A  O  D  S  B  R  S  E
K  T  V  N  V  Z  F  B  N  G  U  S  R  W  X  T
J  R  O  F  P  L  I  Z  A  R  D  E  A  T  Y  X
```